ISBN 978-3-219-11325-9
Alle Rechte vorbehalten
Umschlag, Illustrationen und Layout von Katharina Grossmann-Hensel
Gesetzt nach der derzeit gültigen Rechtschreibung
Copyright © 2007 by Annette Betz Verlag
im Verlag Carl Ueberreuter, Wien – München
Printed in Austria
1 3 5 7 6 4 2

Annette Betz im Internet: www.annettebetz.com

Hermann Stange

DRACHEN

Was du schon immer
wissen wolltest

Mit Illustrationen von Katharina Grossmann-Hensel

ANNETTE BETZ

Bekanntlich wurde die Welt nicht an einem einzigen Tag erbaut, sondern an sechs. Aber nach sechs Tagen war dann auch wirklich alles da. Zwei Menschen, die hießen Adam und Eva, ein Apfelbaum, ein paar Mäuse, Pferde, Mücken, Krokodile und so weiter und so fort. Am siebten Tag war die ganze Welt komplett und eigentlich hätte sich der liebe Gott jetzt ausruhen können. Doch irgendetwas fehlte ihm noch … Irgendwie schien ihm alles noch ein wenig langweilig. »Da muss noch ein bisschen Pfeffer in die Schöpfung«, dachte er.

Natürlich war bei der Schöpfung alles Mögliche übrig geblieben. Lauter Schöpfungen, die nicht so richtig gelungen waren. Da gab es ein ziemlich schiefes, aber sonst recht nettes Krokodil, weiters eine schlecht gelaunte Riesenschlange, der unnützerweise Flügel gewachsen waren, und einen Löwen, der nicht brüllen konnte, aber dafür ständig Feuer spuckte. Vielleicht könnte man das alles miteinander kombinieren, überlegte der liebe Gott. Und schwupp – schon hatte er das schiefe Krokodil, die misslungene Schlange und den feurigen Löwen zusammengesetzt.

1 + 1 + 1 =

Aber dann bekam er doch einen kleinen Schreck. Denn vor ihm stand ein mächtiges Geschöpf. »FFCHHHHHH!«, fauchte das Geschöpf und spuckte einen Feuerstrahl. Es flatterte wild mit seinen beiden Flügeln, patschte einmal mit dem stacheligen Schwanz auf den Boden – und raste um die nächste Ecke davon. »Na ja«, dachte der liebe Gott. »Selber schuld. Am siebten Tag soll man auch nicht arbeiten, sondern sich ausruhen.« Und der liebe Gott beschloss, seine allerletzte Schöpfung besser nicht mit in die Schöpfungsliste aufzunehmen …

Man braucht sich also nicht zu wundern, wenn die Menschen glauben, dass es Drachen gar nicht gibt.

Da die meisten Menschen nicht an Drachen glauben, glauben sie auch nicht daran, dass Drachen irgendwo wohnen. Wenn es aber doch welche gibt – dann müssen sie ja ab und an nach Hause gehen. Wenigstens zum Schlafen. Aber wo könnte so ein Drache wohnen?
Da sind sich die Drachenforscher gar nicht einig. Kein Wunder, schließlich hat bislang noch kein Drachenforscher jemals das Zuhause eines Drachen mit eigenen Augen gesehen.
Deswegen vermuten viele Forscher einfach, dass Drachen sich zum Schlafen in abgelegene, einsame Wüsten zurückziehen. Andere Forscher behaupten, die Drachen wohnen hoch oben zwischen zerklüfteten Felsen. Doch selbst auf den allerhöchsten Bergen ist ja heutzutage viel Betrieb. Und außer ab und an mal einem Yeti ist noch niemand in den Bergen etwas Ungewöhnlichem begegnet.

Dann gibt es ein paar Drachenkenner, die sind fest davon überzeugt, dass die Drachen weder in Wüsten noch zwischen Bergen wohnen, sondern am liebsten auf wertvollen Schätzen. Auf denen sitzen sie Tag und Nacht und passen höllisch auf, dass von dem Schatz ja nichts wegkommt. Vielleicht war das einmal so. Aber inzwischen liegen die meisten Schätze auf der Bank und bislang hat noch keine Bank einen Drachen gemeldet. Mit anderen Worten: Niemand weiß, wo Drachen wohnen. Deswegen eine Bitte: Wenn ihr irgendwo in irgendeiner Wüste, auf irgendeinem Berg oder vielleicht sogar unter eurem Bett einen Dachen wohnen seht, dann sagt sofort Bescheid!

Dafür, dass Drachen ziemlich zurückgezogen leben, haben sie eigentlich ganz schön viel Verwandtschaft. Zumindest sehen ihre Verwandten aus, als wären sie die Verwandten von Drachen.

Die Drachenverwandtschaft lebt über die ganze Welt verstreut. Etwa in Afrika. Wenn man in den Regenwäldern von Afrika spazieren geht, kann es passieren, dass plötzlich ein gepanzertes Ungetüm um den nächsten Baum biegt.

»Hoppla«, denkt man dann. »Wenn das kein Drache ist!« Es ist aber kein Drache, sondern ein Waran. Dass der Waran kein Drache ist, merkt man zum Beispiel daran, dass er niemals Feuer spuckt. Fliegen kann er auch nicht, aber sonst ist er einem Drachen ganz schön ähnlich.

Die Warane leben in Afrika, in Australien und in Süd- und Südostasien und es gibt sie in allen möglichen Drachengrößen. Der kleinste Waran ist der Zwergwaran mit einer Länge von gerade mal 20 Zentimetern. So etwas kann einen natürlich nicht sonderlich erschrecken, selbst wenn es ein wenig Feuer spucken würde. Der Komodowaran ist da schon ein anderes Kaliber. Komodowarane werden angeblich über drei Meter lang! Trotzdem – für einen Tierforscher, der nicht an Drachen glaubt, ist der Waran kein Drache, sondern eine Echse. Eine Echse wie der Leguan, das Chamäleon, der Gecko, die Blindschleiche, die Agamen, die Gürtelechsen – alles Echsen und lauter kleine Drachen.

Auch wenn die Drachen es in dieser Welt nicht immer einfach haben – über Mangel an Verwandten können sie sich wirklich nicht beklagen!

Drachen haben es nicht immer leicht in dieser Welt. Ein gutes Beispiel dafür ist leider auch der Drache Python. Der Drache Python geriet in einen Familienstreit zwischen den griechischen Göttern, und das bekam ihm gar nicht gut. Dabei hatte er ja eigentlich nur das Orakel von Delphi bewachen wollen. Das Orakel von Delphi war eines der griechischen Heiligtümer und es war in der ganzen Welt berühmt. Das Orakel konnte die Zukunft voraussagen, und so etwas schätzt jeder, dem vor der Zukunft etwas bange ist. Zu einem Orakel geht man, wenn man nicht weiß, welchen Weg man einschlagen soll – ob den nach links oder lieber den nach rechts. Allerdings hatte das Orakel von Delphi die Angewohnheit, sich nicht immer so ganz deutlich auszudrücken.

Als zum Beispiel Krösus, König von Lydien, darüber nachdachte, ob er das große Perserreich überfallen sollte oder besser nicht, da weissagte ihm das Orakel: »Wenn du losziehst, wirst du ein großes Reich zerstören.«
»Hurra!«, hat Krösus da gedacht. »Auf geht's!«
Es war aber sein eigenes Reich, das dann zerstört wurde. Vielleicht hätte das Orakel von Delphi weniger in Rätseln gesprochen, wenn Python Wächter der Weissagungen geblieben wäre. Drachen sind ja für eher klare Worte. Aber da gab es nun mal den Familienstreit der Götter ... Im Verlauf dieses Streits hatte Hera, die Gattin von Göttervater Zeus, den Drachen Python auf die Mutter von Gott Apollon gehetzt. Das hat Apollon dem Drachen sehr übel genommen, und aus Rache hat Apollon dann den Drachen getötet, mit angeblich tausend Pfeilschüssen.
Familienstreitereien sind eben immer eine unangenehme Sache. Selbst als Drache hält man sich da besser raus.

Eigentlich kein Wunder, dass die meisten Drachen lieber zurückgezogen leben. Schließlich gelten sie fast überall als Störenfriede. Außer in Ostasien! In Ostasien, also in Ländern wie China und Thailand, ist jeder Drache herzlich willkommen, denn die Ostasiaten glauben, Drachen bringen Glück. Auf diese Idee würde in Europa so leicht keiner kommen. Wer in Europa an Drachen denkt, denkt sofort an Ungeheuer. In der Bibel steht sogar, dass der Drache niemand anderes ist als der Teufel höchstpersönlich! Deswegen sind auch heute noch viele dem Erzengel Michael so dankbar. Denn der Erzengel Michael hat den teuflischen Drachen aus dem Himmel gejagt. Am Anfang nämlich hat auch der Teufel ganz friedlich unter den Engeln im Himmel gewohnt. Dann aber begann der Teufel, sich wie ein abscheulicher Drache zu benehmen und im Himmel herumzuwüten.

Der Erzengel Michael nahm den Kampf mit dem Teufelsdrachen auf und schleuderte ihn hinunter zur Erde – womit er den Engeln im Himmel ganz sicher einen Gefallen getan hat. Anderseits hatte der Teufel seither natürlich jede Menge Zeit, die Erde unsicher zu machen …

Ob es sich beim Teufel wirklich um einen richtigen Drachen handelt, darüber ist man sich im Abendland trotz des Berichts in der Bibel allerdings nie ganz einig geworden. Denn mal heißt es, der Teufel kann Feuer speien, mal kann er es nicht; mal hat er einen Krokodilskopf, mal einen Kopf wie ein Wolf.

Bis diese Frage eindeutig geklärt ist, tun die Drachen wirklich gut daran, sich möglichst unsichtbar zu machen.

Drachen sagt man alles Mögliche nach. Zum Beispiel eine gewisse Vorliebe für Prinzessinnen. Daran ist ja eigentlich nichts Schlimmes. Auch viele Menschen haben eine gewisse Vorliebe für Prinzessinnen. Den Drachen aber nimmt man diese Vorliebe übel.
Wahrscheinlich, weil man glaubt, ein Drache sei kein Umgang für eine Prinzessin. Doch die meisten Drachen haben mit Prinzessinnen überhaupt nichts Böses vor. Sie wollen von der Prinzessin bloß eines – sie wollen sie bewachen. Das Bewachen ist nun mal eine Lieblingsbeschäftigung von Drachen. Drachen bewachen Prinzessinnen genauso gern wie Schätze. Meistens muss der Drache die Prinzessin natürlich erst stehlen, bevor er sie bewachen kann. Das schadet der Prinzessin aber nicht, denn irgendwann kommt dann ein edler Ritter, der den Drachen besiegt und die Prinzessin heiratet.
Hin und wieder aber gehen Prinzessinnen auch von selbst zum Drachen. Meistens in der Absicht, den Drachen zu besänftigen. Um ihn zum Beispiel davon abzuhalten, weiterhin in ihrem Königreich herumzupoltern. Wenn sie den Drachen nur richtig besänftigen, hoffen manche Prinzessinnen dabei insgeheim, wird sich vielleicht herausstellen, dass der Drache gar kein Drache ist, sondern ein verzauberter Jüngling. Und manche Prinzessinnen haben damit sogar Glück. Falls nicht, ist es auch nicht schlimm, weil ja dann der edle Ritter kommt und ihr aus der Patsche hilft.
Wie man sieht, hat die Vorliebe der Drachen für Prinzessinnen meist keine bösen Folgen. Jedenfalls nicht für die Prinzessinnen ...

Im Mittelalter war die Jagd noch ein richtiges Abenteuer. Als Jäger konnte man sogar berühmt werden. Aber natürlich nicht, wenn man bloß Kaninchen jagte. Für wirklichen Ruhm musste man schon einen Drachen erlegen. So wie Siegfried. Siegfried gilt noch heute als der bedeutendste unter den Drachenjägern. Dabei hatte Siegfried gar nicht vorgehabt, auf Drachenjagd zu gehen. Jedes andere Abenteuer wäre ihm auch recht gewesen. Eigentlich war Siegfried ein Königssohn. Weil er aber keine Lust hatte, selber König zu werden, zog Siegfried in die Welt hinaus und nahm eine Arbeit an. Er wollte Schmied lernen. Siegfried war so stark, dass er mit dem ersten Hammerschlag gleich den ganzen Amboss in den Boden rammte, und das fand sein Lehrherr doch ein wenig unheimlich.
»Besser, ich werde diesen Kerl wieder los«, dachte sich der Schmied und er schickte Siegfried mit einer Besorgung in den Wald. In jenen Wald, in dem der furchterregende Drache Fafnir wohnte! Wenn der Schmied aber gedacht hatte, Fafnir würde mit Siegfried kurzen Prozess machen, dann hatte er sich geirrt. Denn Siegfried behandelte den Drachen nicht anders als den Amboss – ein Schlag und Fafnir war nicht mehr. Wahrscheinlich hätte Siegfried bald vergessen, jemals einen Drachen erlegt zu haben, wäre da nicht dieser kleine Vogel gewesen: »Tauch ein ins Drachenblut!«, zwitscherte der Vogel. »Bade im Drachenblut und du bekommst eine Haut aus Horn, die nichts durchdringen kann.«

Also badete Siegfried in dem Blut des Drachen und er bekam eine Haut aus Horn, so undurchlässig wie Diamant. Natürlich dachte Siegfried, das Drachenblut hätte ihn unbesiegbar gemacht. Aber leider war während des Bades ein Lindenblatt auf Siegfrieds Schulter gefallen ...
Selbst der erfolgreichste Drachenjäger sollte also nicht glauben, ihm könne keiner mehr etwas anhaben. Irgendeine schwache Stelle findet sich immer.

Bei allen Schwierigkeiten, die Drachen so haben – ein Drache zu sein hat auch seine Vorteile. Schließlich gibt es immer mal wieder Situationen, in denen einem jemand dumm kommen möchte. Da ist es doch praktisch, wenn man als Antwort ein wenig Feuer speien kann.

Umgekehrt träumen viele Drachen wahrscheinlich davon, einmal etwas ganz anderes zu sein. Etwas Einfacheres. Irgendein Geschöpf, das ganz unauffällig ist und über das es nicht so viel Gerüchte gibt.

Ein Huhn zum Beispiel hat es da viel besser. Niemand würde einem Huhn zutrauen, etwas Böses auszubrüten. Ein Huhn hat einen eher schlichten Charakter, und das kann ganz angenehm sein. Man bekommt auf jeden Fall nicht so viel Ärger. Vielleicht wäre ja mancher Drache ganz gern einmal ein schlichtes Huhn. Auf Dauer aber würde sich ein Drache als Huhn wohl ziemlich langweilen. Über kurz oder lang würde der Drache sogar als Huhn versuchen, Prinzessinen zu rauben oder Schätze zu bewachen. Doch welche Prinzessin mag sich schon von einem Huhn entführen lassen? Und ein Huhn, das auf einem Schatz hockt – das sähe einfach albern aus!

Mögen sich die Drachen also manchmal noch so sehr wünschen, etwas anderes zu sein – am liebsten sind sie wahrscheinlich doch ein Drache. Schließlich ist es immer gut, wenn man sich treu bleibt.

Selbst wenn man ein Drache ist.

Die Welt ist voller Drachenjäger! Zwar bekommen viele Drachenjäger ihr Leben lang nicht einen einzigen Drachen zu Gesicht, aber trotzdem – als Drache muss man ständig auf der Hut sein. Dabei hat die Drachenjagd den meisten Drachenjägern überhaupt kein Glück gebracht. Das sieht man schon an Siegfried. Oder an Beowulf.
Beowulf ist als Drachenjäger fast so berühmt wie Siegfried. Beowulf hat insgesamt sogar drei Drachen erlegt! Nach seinen ersten beiden Drachen galt er weit und breit als Experte für das Drachenjagen. Und als es wieder einmal Schwierigkeiten mit einem Drachen gab, wurde er sofort zu Hilfe gerufen – obwohl er da längst König in Schweden war.
Beowulfs letzter Drache war wirklich ein gefährlicher Drache. Zumindest war er furchtbar wütend. Und das hatte seinen Grund: Jahrhundertelang hatte dieser Drache friedlich seinen Schatz gehütet. Und eines Tages klaut ihm jemand einen goldenen Becher aus dem Schatz! Der Drache war so erbost, dass er im ganzen Land umherzog und alles zerstörte, was ihm in die Quere kam. Beowulf hat den Drachen schließlich besiegt – aber bei dem Kampf wurde er so schwer verletzt, dass auch er nicht überlebte.
Man sollte sich also gut überlegen, ob man ein berühmter Drachenjäger werden will. Denn letztlich hat man nicht so viel davon.

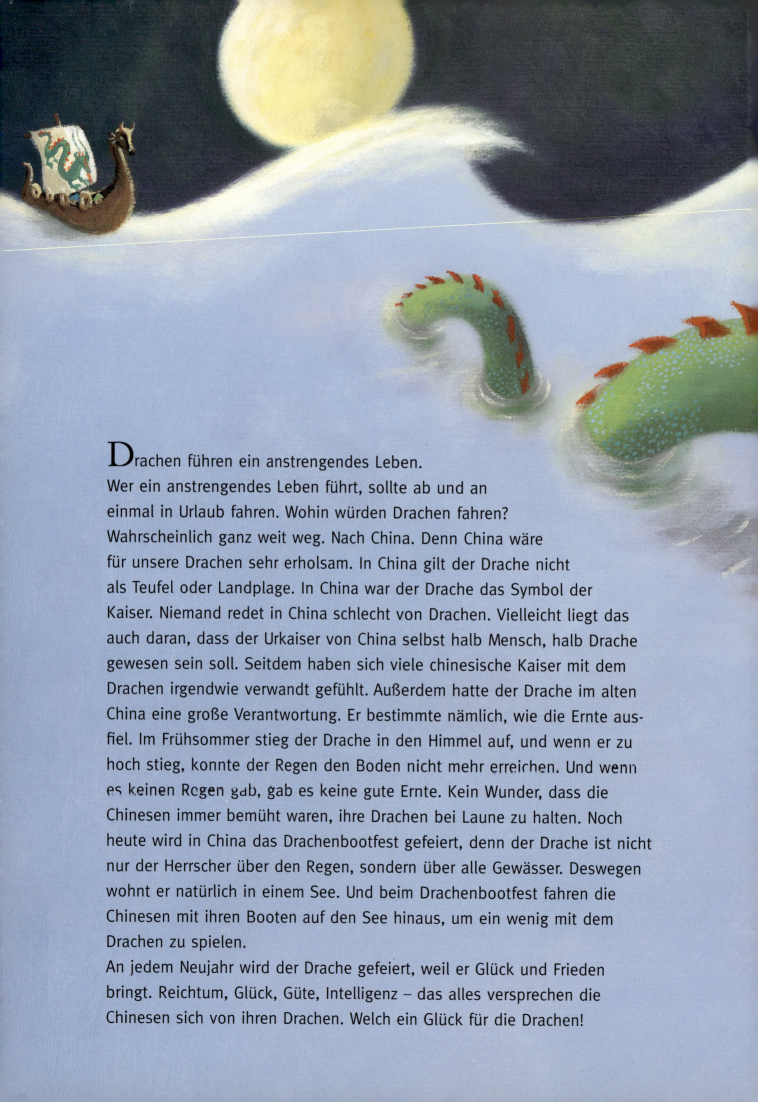

Drachen führen ein anstrengendes Leben.
Wer ein anstrengendes Leben führt, sollte ab und an einmal in Urlaub fahren. Wohin würden Drachen fahren? Wahrscheinlich ganz weit weg. Nach China. Denn China wäre für unsere Drachen sehr erholsam. In China gilt der Drache nicht als Teufel oder Landplage. In China war der Drache das Symbol der Kaiser. Niemand redet in China schlecht von Drachen. Vielleicht liegt das auch daran, dass der Urkaiser von China selbst halb Mensch, halb Drache gewesen sein soll. Seitdem haben sich viele chinesische Kaiser mit dem Drachen irgendwie verwandt gefühlt. Außerdem hatte der Drache im alten China eine große Verantwortung. Er bestimmte nämlich, wie die Ernte ausfiel. Im Frühsommer stieg der Drache in den Himmel auf, und wenn er zu hoch stieg, konnte der Regen den Boden nicht mehr erreichen. Und wenn es keinen Regen gab, gab es keine gute Ernte. Kein Wunder, dass die Chinesen immer bemüht waren, ihre Drachen bei Laune zu halten. Noch heute wird in China das Drachenbootfest gefeiert, denn der Drache ist nicht nur der Herrscher über den Regen, sondern über alle Gewässer. Deswegen wohnt er natürlich in einem See. Und beim Drachenbootfest fahren die Chinesen mit ihren Booten auf den See hinaus, um ein wenig mit dem Drachen zu spielen.
An jedem Neujahr wird der Drache gefeiert, weil er Glück und Frieden bringt. Reichtum, Glück, Güte, Intelligenz – das alles versprechen die Chinesen sich von ihren Drachen. Welch ein Glück für die Drachen!

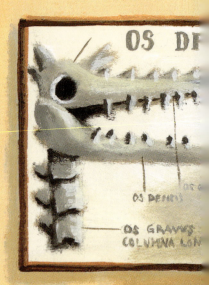

Wie wir gesehen haben, ist der Drache ziemlich gut erforscht. Das verdanken wir den Drachenforschern. Drachenforscher wissen alles über Drachen. Allerdings weiß jeder Drachenforscher etwas anderes. Und was der eine weiß, davon will der andere nichts wissen. Das ist wie bei allen anderen Forschern auch – richtige Wissenschaftler sind sich schließlich niemals einig. Die Drachenforschung hat sogar einen Namen: Draconologie.
Dass man Draconologie noch nicht an der Hochschule lernen kann, liegt nur daran, dass kein Drache in eine Aktentasche passt. Die Drachenprofessoren könnten ihren Studenten ja nie mal einen mitbringen!
Aber wo forschen die Drachenforscher eigentlich? Streifen sie durch abgelegene Wüsten? Klettern sie zwischen zerklüfteten Felsen herum?

Um ehrlich zu sein: Eher würde man in der Wüste über einen Lindwurm stolpern als über einen Drachenforscher. Denn Drachenforscher gehen nicht durch Wüsten oder in die Berge. Sie gehen am liebsten überhaupt nicht aus dem Haus. Sonst könnten sie auch gar nicht forschen. Drachenforscher brauchen zum Forschen nämlich keine Wüsten oder Berge, sondern Bücher. Drachenforscher leben zwischen zerklüfteten Bücherbergen. Also ganz woanders als die Drachen. So können sich Drachen und Drachenforscher natürlich nie begegnen. Der eine ist ein Lindwurm. Der andere ein Bücherwurm. Den Drachenforschern aber macht das gar nichts. Wozu müssen sie einen Drachen persönlich kennenlernen – solange es genügend Bücher über Drachen gibt?

»Wozu«, fragt sich mancher sicher, »brauchen wir heutzutage Drachen? Was gibt es für einen Drachen in unserer Welt denn noch zu tun? Wo finden sich schon noch ausreichend Prinzessinnen? Oder unbewachte Schätze? Eigentlich müssten die Drachen vor Langeweile doch längst ausgestorben sein.«

Aber dann sehen wir uns um – und sehen lauter Drachen. Im Kino, in Comics, als Stofftier im Spielzeugladen und in diesem Buch. Auch die größten Zweifler müssen zugeben: Der Drache lebt. Und das ist doch beruhigend.

Denn ohne ein Wesen wie den Drachen würde der Welt etwas fehlen. Etwas Funkelndes. Etwas Feuriges. Etwas Pfeffer. Aber was macht der Drache in einer Welt ohne Prinzessinnen und verborgene Schätze? Das Gleiche wie immer: Er macht uns Kopfzerbrechen. Er gibt uns Rätsel auf. Wo wohnt er? Wie sieht er aus? Hat er sieben Köpfe oder bloß einen? Der Drache beflügelt unsere Gedanken und so entstehen Geschichten. Um wie viele Märchen, Sagen, Filme und Gerüchte wäre die Welt ärmer, wenn es keine Drachen gäbe! Die Drachen brauchen keine Prinzessinnen oder Schätze, um zu überleben. Es reicht schon, dass wir an sie denken ...